JN438422

오늘의문학시인선 409

벚꽃 필 무렵

김길순 시조시집

오늘의문학사

국립중앙도서관 출판시도서목록(CIP)

벚꽃 필 무렵 : 김길순 시조시집 / 지은이: 김길순. -- 대전
: 오늘의문학사, 2018
p. ; cm. -- (오늘의문학 시인선 ; 409)

대전문화재단과 대전광역시에서 사업비 일부를 지원받았음
ISBN 978-89-5669-882-3 03810 : W9000

한국 현대 시조[韓國現代時調]

811.36-KDC6
895.714-DDC23 CIP2018000394

벚꽃 필 무렵

■ 자서

오랜만에 2시집을 출간하게 되었습니다.

문학을 향한 그리움은 어쩌면 자연스럽게 정해진 숙명인 듯싶습니다.

글을 쓰는 마음가짐과 글을 완성했을 때의 뿌듯함, 인생을 살아감에 있어 이보다 더한 지락이 있을까 합니다.

또한 우리문화의 중심인 문학 작품을 발표하는 일이 더없는 보람으로 다가오며, 멋과 맛과 가치가 듬뿍 담긴 문학을 사랑함에 있어 큰 영광으로써 자랑스러움을 금할 길이 없습니다. 감사합니다.

제1부 눈 오는 아침

제 2부 가을날 그 찻집

제 3부 봄이 또 다시

1부

눈 오는 아침

벚꽃 필 무렵

웃음 짓지 않는 것이
어색한 변명이려니
한껏 부풀린
생각의 둘레 둘레
부시듯
꽃 이파리가
친구 되어 춤을 춘다.

걱정도 아쉬움도
날려 보낸 꽃바람 속
눈물지어 돌아보면
좋은 세상뿐인 것을
이 순간
영원히 간직하여
삶의 미소 지키련다.

눈 오는 아침

바람이 소리 없어
창밖을 넘겨보니
세상이 아직 잠에서
덜 깨인 듯하다.
만물의
모든 사연도
아직 잠자는 듯하다.

그런데 저 목련나무
눈꽃 핀 사이마다
봉오리 촉 내밀어
벌써 봄을 부르고 있어
보았네.
몰래 서성이는
부지런한 바람을.

대추

수없이 열린 날들
붉은 빛 자랑이야
자손 번창 으뜸이요
제상도 맨 앞자리
수시로
손 위에 앉아
세월을 노래하네.

찻잔에서 피운 정도
태양만큼 뜨거운데
멀리서 부는 바람
향기로 잠 재우네
고요히
침묵을 지켜
삶의 정한을 달래보네.

길

봄 햇살 만개하여
피어나던 진달래 향

어둑한 길 밝혀주던
먼 미래의 등불은

어느덧 세월 속에서
이정표가 되었다.

한 발 두 발 다가서던
인연의 싱그러움

힘겨운 고행길에
친구 되고 힘이 되고

은연중 샘솟아나던
은혜로운 날들이여

멀고 긴 시간들이
화살같이 지나가고

수많은 인생살이
다독이며 가는 여정

되돌아 눈물겨움이
어제인 듯 새롭다.

대전역

창공의 비둘기
흰 빛 날개 펼치면

가슴 한 켠 감추어 둔
수천의 문 열린다.

인연의
정을 향하여
상념의 리듬 두드리며.

우리 땅 독도

금물결 반짝이며
푸른 해에 동이 트면
반기며 손짓하며
제 모습 드러내는
긴 세월
이어내려 온
한반도의 얼이 있다.

거센 파도 굽이치는
동해 외딴 섬에서
하염없이 부딪히는
물보라의 사연 안고
보란 듯
외로움 털며
조국의 맥 지켜낸다.

앵두

여린 풀잎 사운대는
햇살 품은 논둑길에
어린 소 나들이가
길들여질 즈음이면
우물가
마을 터에는
앵두꽃이 한창이다.

해마다 사월이면
환히 피는 유년의 꽃
십리길 마다않던
등굣길 환히 비추던
꽃보다
더 아름답던
앵두볼이 떠오른다.

뿌리공원

족보를 펼쳐들면
조상님의 얼이 인다.
산소에 가 절하고
뿌리를 캐다보니
가문의 흥망성쇠가
빛이 되어 다가온다.

자존과 열성으로
명예를 지키려
긍지를 키워가는
후손의 샘솟는 힘
자랑의 뿌리공원에
높이 울려 펼쳐지네.

다발 무

먼동이 트기 전에
밭갈이 마치고서

씨 뿌리고 가꾸고
서성이던 나날들

푸르게 펼쳐지던 날
저 초원에 달이 뜨고

잎사귀 붙여서
덩실한 무 다발

싱그런 가을 풍경
바람을 싣고 온다.

신께서 내리신 선물
흙을 터는 농부의 웃음

농사의 힘 아니라면
그 정성 보게 될까?

달빛 속 비쳐드는
아련한 고향의 추억

동치미 겨울의 참맛
달래보는 향수여.

호반

사계를 두루 품어
다가드는 열린 대화

일어서는 푸르름이
세상을 감싸 안고

바람은 날개를 달고
물 건너서 다가온다.

바라보니 태양빛
고요가 꿈을 키워

생각은 구름 곁에
싱그럽게 맴돌고

자꾸만 바라보는 하늘
허공 속에 이는 연가

물속에 비쳐드는
나무들의 속 이야기

오고가던 사연들
수면 위에 던져두고

오로지 비상하고픈
일렁이는 물결이여.

매화

어젯밤 꿈에 본 듯
눈부시어 아련하다

찬 기운 머금어
수려한 향기의 맛

온 마을
향수에 젖어
그 감동이 으뜸이네.

호접란

한 여름 벅차오던
시련도 지나가고
호접이 또 만개하니
분명히 희소식이네
평생을 소원 빌면서
다가서는 저 빛깔

바라보고 가꾸고
그저 오래 살라고
한껏 더 빛나라고
값있게 머물라고
가슴 속 깊은 한켠에
영원히 심어놓다.

양촌 장날

— 충남 논산군

대둔산 너머에서 먼동이 터 오면
몇 날을 기도하며 뒤척이던 밤이 가고
오일장 장닭 한 마리 푸드득 새벽을 연다.

윙윙윙 돌아가는 튀밥의 고소함에
덩달아 춤을 추며 터지는 함박웃음
오색의 정 한 자리에 오고 가는 이야기꽃

바다 내음 싣고서 와 입맛을 자극하는
풋풋하게 살 오른 생선의 등줄기엔
선착장 아저씨의 힘이 오롯이 실려 있고

수도 없이 이어지는 생필품의 나열은
문명과 문화를 한 공간에 공유하며
사람이 살아가는데 참 의미를 부여한다.

떡을 담는 할머니의 두 손 비는 소원 앞에
향수빛 노을이 소리 없이 비쳐들면
안도의 숨은 숨소리 막을 내리는 그날의 정성.

포도

봄부터 빛을 받아
매만지고 다듬어
바람 속 익어버린
부지런한 삶 속에서
검게 탄 세월의 색은
흰 속살의 보호막

힘겹게 맺은 정이
그리도 진할 수가
지구촌 곳곳에
매력의 정점에서
역사의 한 부분처럼
빛을 내고 있구나.

레몬

유난히 빛이 고와
마음을 잡아 둔다

스치는 바람결에
전해오는 향기의 맛

손끝을 따라 안기며
인연으로 와 닿는데,

하루의 시네마 위에
방실 방실 떠오르는

오롯한 빛의 무게가
별빛이듯 달빛이듯

발걸음 무게를 덜며
곱게 곱게 따라온다.

기차를 타고

새벽, 정적을 깨고
만나고 헤어지는
소명을 싣는 움직임
길 향하여 바람을 튼다
가슴 한 켠에 간직한
저마다의 사연과 그리움

안개 스친 차창에
수채화 되어 흐르면
흐려진 눈망울엔
애잔한 감동이
흐르는 물처럼 달리는
변함없는 레일 위의 여정.

저녁차를 끓이며

하루가 녹는 시간
투명한 만남이다.
손끝을 타고 흐르는
넉넉한 향의 침묵은
얼룩진 생활의 변을
곡선으로 감싸는데

뜨거운 가슴 속은
뜨겁게 풀려 가고
들끓던 생각의 둘레
적셔드는 새로운 감각
존재를 확인하면서
내일을 노크한다.

저녁 9시

구봉산의 봉우리가
어둠에 가려지면
관저동에 일던 소음도
사각 사각 잠이 든다.
하루의 삶의 피로가
밀려오는 순간이다.

긴 여정 life속에서
막연한 그리움의 시간
불빛 고운 천정을 보면
안도의 그림자 일고
가슴 속 음악이 흐르는
꿈결 같은 이미지다.

* 관저동 : 대전 서구에 소재

난꽃

틈틈으로 다독거린
보이는 듯 작은 손길

고요를 박차고
보란 듯 솟아오른

저 환한
미소를 보아
가슴에 와 안긴다.

사과

여름의 태양빛과
흐르는 바람결이
생의 유혹으로
머물러 쌓은 신비
번지는 향기만큼이나
밀어가 쌓이는데

막 피어나 어쩌지 못해
자꾸 붉어지는
저 순수가 일렁임이
타는 듯 노을에 익어
열려진 마음속까지
신비롭게 물들였다.

선풍기

시간마다 부는 바람
체온을 다스린다.

때도 없이 젖은 손길
온 힘으로 달래주고

사계절
친구가 되어
하루를 함께 한다.

양산

이십여 일 열대야 현상
치솟는 스트레스
2006년 여름의 광란
걸으면서 멈추면서
작열한 빛의 열기를
한 줌 두 줌 털어낸다.

꽃무늬 화려한
순수의 자락 흔들며
서해의 바람 한 줄기
양산 위를 스쳐 가면
아, 이제 온통 설레임
무색해 하는 계절의 변.

보리수

붉게 물든 태양빛
한 줌 씨앗을 보았네.
바람의 염원 속에
깨어나는 줄기의 혼
운명의 세월을 따라
오고 또 가던 길에

구름빛 헤아리며
더운 빛 감지하며
키워온 지난날들
향기로 남았어라,
다정히 손 잡아주던
이슬 맺힌 고향이리.

백일홍

산천빛 오므려 이 땅에 뿌리 내려
팔월의 태양 아래 작열하는 붉은 염원
천 년의 귀한 세월이 담긴 듯한 자태인데

시원한 그늘 되어 함께 웃는 벅찬 모습
고난을 이겨낸 듯한 힘줄 같은 줄기 따라
백일을 기도하면서 힘든 세월 달래는가.

가을이 오기 전에

만개한 나뭇잎 사이 들려오는 매미소리
장독대 감항아리 잔뜩 부풀어 있고
말끔히 비워져 있는 고추밭 앞쪽 마당

봉오리진 도라지꽃, 들국화 무슨 색일까
향 머금은 모과는 얼마나 더 클까
아직도 그리움 담는 해바라기는 또 얼마나

알찬 내일 기약하는 수수밭 이랑 따라
서둘러 일어서는 부지런한 바람소리
저 들녘 나래를 펴며 마음가를 스친다.

벚꽃 필 무렵

김길순 시조집

2부

가을날 그 찻집

눈 오는 날

고요가 무르익어
끝없이 펼쳐놓은
백설 그 장엄함이
하루해를 수놓는다.
바람도
행여 잡티 낄세라
멀리서 소리 없다.

금빛 은빛 엽서 물고
날아온 작은 새들
다듬어 불러보는
향수 젖은 사연인 양
다소곳
지상에 내려
수만의 창 열고 있네.

울릉도

탐스런 태양이 불끈 솟았다
파도여 부딪혀라 바람아 머물러라
신께서 빚고 또 빚어 창조하신 삶의 터

메마르지 않은 언덕 금빛 받아 열린 풍요
순수로 살아가는 적이 없는 인간사
자연과 어우렁 더우렁 인정이 넘쳐나고

바다 내음 한 잎 물고 고개 들어 바라보니
끝없이 펼쳐진 바다의 고요 위
눈부신 날갯짓으로 길을 여는 갈매기떼

펼쳐지는 비경 앞에 이어지는 감탄사
돌과 이야기하고 물과 이야기하고
역사의 위대한 힘줄 소리 높여 찬사하고

다시 한 번 알 것 같은 고귀한 조국의 맥
한 장 한 장 그려내어 속 깊이 담아두고
세월 속 거울에 넣어 꺼내보며 살아가리

제주도 이야기

여름밤의 꿈처럼 온 가족의 나들이는
제주도행 비행기에 웃음꽃을 실었다
인간과 자연의 조화를 감상하며 감탄하며

으악새의 팟팟한 자존심답지 않게
유도화가 환히 웃는 신세주의 첫인상은
아담한 한라산정의 깨끗함과 어울렸다

전통과 이국내음이 공존하는 현장에서
풋풋한 사투리는 오히려 보물일라
비바리, 소랑햄쑤다(아가씨, 사랑합니다)

살이 찐 똥돼지고기의 참맛을 음미하며
조랑말 등허리에 앉아 분위기도 내어보고
만장굴, 민속마을과 일출봉, 해수욕장 등

동쪽의 바다내음이 서쪽에서 불어오니
산과 바다의 맞물린 이중창은
박물관 진열대에서 제주를 한껏 자랑했다.

남원의 춘향에게

족진 머리 가르마에 흐르는 절개의 얼
서릿발 눈 속에서 피어나는 매화향기
두 볼에 서려 흐르는 이도령의 그림자는

그네줄에 매달린 엷은 미소의 사연이랑
매월당의 별당에 긴 숨결로 어리는데
오작교 연못에 비친 광한루의 치마폭은

맵씨 솜씨 사랑 다 어디다 감추고서
남원을 오고 가는 선남과 선녀들의
시선을 한 몸에 받는 표상이 되었구나

춘향, 그 뜨겁던 정염의 불꽃은
둥그런 묘에 새겨진 하트가 되었는가
이제는 거울 앞에 선 매몰찼던 여인이여.

눈꽃

돌아보지 않는 언덕에
사계절 꽃이 피었다

산수유도 장미도
새로운 만남인가

꽃 씨앗 품고서 앉은
겨울철 여신인가

갈증을 풀어주고
시원히 달래주는

겨울날 파라다이스
계절 속 연인인가

온 세상 환히 비추어
지친 삶을 달래 준다.

바다

늘 시야에 안기던
고향같은 야산을 지나

볼수록 정겹기만한
안개 속 들판을 지나

설레임 내달아 간 곳
숨 고르는 물결의 여유

모래 위 떨구는
일상의 잔 이야기

수면에 던져보는
기억의 편린들

살며시 안겨 느리우는
원시의 웃음조각

연꽃 1

얼마를 사모하여
미소로 피었는가.

번지는 자리마다
차오르는 그리운 빛

찬 이슬
달이고 달여
별빛 되어 달빛 되어.

연꽃 2

살며시 피어나는
그리움을 못 견디어

오가는 걸음걸음
미소로 나누어 주며

고귀한
세월로 사는
그 정성이 돋보인다.

연꽃 3

오로지 정한으로
보란듯 피어나서

이슬도 비켜가는
꽃의 신이 되었어라.

온 누리 밝혀들고자
기도하며 사는가.

연꽃 필 때면

멀리서 향기 품은
꽃바람 내릴 때면
오락가락 부시대던
걱정도 접어두고
오로지 비상을 향한
안개가 피어난다.

너와 나의 깊은 인연
한 잎 두 잎 열어가며
누군가 친구가 되어
사연을 엮어 가면
하늘도 꽃빛이어라
신비의 빛이 눈부시네.

연꽃에게

달빛과 별빛 속
전설을 품고 왔니?
깊숙한 궁궐 속
이야기를 담고 왔니?
교교히 흐르는 빛이
수천의 언어로세.

숨은 듯 열려 있는
보배로운 미소는
훈훈한 바람맞아
인정으로 솟아나네.
감출 수 없는 열정이
섬광이듯 스쳐가네.

부소산에 올라

비단 폭 푸른 강물
비쳐드는 옛 그림자
드높여 받들고자
이어지는 후손의 정
울리는 함성소리에
절로 솟는 원천의 힘

값진 빛 간직하여
묵묵히 이어온 세월
변함없는 바람결에
온 누리 퍼져간다.
지키고 보듬어갈 때
활짝 피는 문화의 얼.

백마강

찬연한 달빛 아래
떠 있는 저 배는

오가는 더운 길손
염원을 담았는가?

몇 구비
세월을 저어
백제의 얼 싣고 온다.

코스모스 꽃길 따라

끝없는 벌판에서
만개한 빛의 자락이
새벽바람 설레임 안고
움직임을 잉태한다.
수많은
뭇 사연들이
기지개 켜 발돋움하고.

흐르고 날아들어
눈시울 적셔버린
약속없이 걸어보던
생생한 기억들이
굽이쳐
어쩔 수 없는
그리움을 껴안는다.

가을빛

감나무 이파리가
갈빛으로 물들 때면
바삐바삐 다가서는
시야가 스산하다.
창 너머 그리는 눈빛
아쉬움이 가득하다.

오며 오며 가라않는
길 적시는 새벽비는
몰래 떠난 추억 저 편
옛 생각을 몰아온다.
넘치는 빛의 자락은
물결치며 흐르는데.

가을날 그 찻집

찬 기운에 깃 여미며
심신을 달래고자
향기어린 국산차
가락 높은 생음악
공간의 아늑함으로
피로가 밀려가던

산 속 물가에 비친
바람과 빛의 회유
보이는 것마다
친구 아닌 것 있으랴.
빛 고운 저 들녘에
내일을 그려 본다.

가을 엽서

빛 고운 여백에
생각을 담는다.

펜 자욱 선명하게
지나온 일 적는다.

살아온
인생 자랑삼아
가을에게 보낸다.

단풍, 끝없는 대화

열린 들 고개마다
이어지는 속삭임
바람과 빛을 담고
지나가는 발길마다
날아간 세월 속 정한
숱한 사연 풀어 놓는다.

고향 버드나무의
빛바랜 추억 이야기
새벽 정적을 깨는
하모니의 노랫소리
창 안에 창 너머에 이는
수런 수런 글이 익는 소리.

만추

가로수 가지 끝
바람결 아려오면
저 쪽 하늘가엔
꽃비가 내린다.
짝지은
어깨 사이에선
뜨거운 김 피어나고.

리듬도 피어나고
가락도 피어나고
은연중 열리는
또 다른 창조의 바람
가을빛
살 오른 둥지엔
상념이 날아들고.

11월에

참으로 소슬하다.
늦가을 해질 무렵
허공을 구르는
낙엽들의 춤사위
이기려 이겨보려고
뿜어내는 몸부림.

위로 위로 밀어 올리는
회오리진 바람은
이별을 하지 못하고
그리움을 안고 돌아
이 겨울 이겨보려는
그 모습이 의연하다.

세월호 참사 추모

바람아 보았느냐
파도가 삼켜버린

알알이 영글었던
저 고귀한 세월들을

통곡은
애도의 돛을 달고
허공에서 나부꼈다.

불러도 또 두드려도
묵묵한 너의 소리

추억은 돛단배 타고
망망대해 저어 가는데

그립고
다정한 목소리
언제 다시 들어보나.

우암사적공원 1

기와 사이 넘나들던
칼날 같던 서슬바람

잘 닦여진 옥돌 위에
그림처럼 배어 있고

수백 년
쌓인 연륜이
솟을대문 열고 있네.

우암사적공원 2

— 남간정사

현장에서 이는 바람
하늘가에 닿아 있고

창공을 맴도는
의기의 도도함은

조선의
뛰는 맥박을
뜨겁게도 달구었다.

우암사적공원 3

— 백일장

옛 터전 뜨락에서
전통의 시조 짓기

펄럭이는 시제의 물결
돋보이는 귀한 정경

백일장
문화의 현장
열려오는 창조의 샘.

우리말 우리글

동네마다 구석구석
가슴 벅찬 이야기들

우리말 우리글로
주고받고 노래할 때

넘치는 감격 불러와
눈시울이 젖는다.

내 것이 우리 것이
살아가는 힘일진대

생겨나는 사연, 사연
우리글로 낭독할 제

꽃피는 문화의 물결
자랑함이 드높다.

벚꽃 필 무렵

김길순 시조집

3부

봄이 또 다시

봄이 또 다시

언덕 위에 터를 두른
연둣빛 생의 날개
은빛 매화의 매력이
부시게 넘쳐난다
멀리서
잠시 잊었던
바람 타는 교향악.

궂은 날은 잊었어라
마른 줄기 젖어오며
가랑비 세수하고 난
산수유 수려한 향
끝없이
날아오르는
저 신비의 바람 날개.

5월에

이팝나무 꽃향기
바람에 여울지면

창가에 내린 달빛
꽃빛 받아 수를 놓네

은연중
열린 세계가
한 줄기 빛의 서광이네.

산수유꽃

봄눈을 친구삼아
오르거니 내리거니

오! 마른 등걸 사이
보일 듯 말 듯한데

신록빛 신비 머금고
안개처럼 피어 있다.

겨우내 긴 침묵을
깨는 봄의 전령인가.

인고의 장함으로
매력 철철 넘치는데

향수빛 짙은 향기가
전율토록 수려하다.

빗소리

새벽녘 적막 깨고
감도는 비의 연주

은연중 반가움에
근심마저 내려 놓네.

만물을
포용하는가?
안도의 숨 고른다.

산수유

살며시 들어온
신록이듯 작은 만남

바람결 기다려
맨 먼저 향을 푼다.

가던 길
뒤돌아보아
저리 향이 진할까.

금강이여

명산의 줄기 따라
중도를 흘러 흘러

만민의 삶의 현장
그 위세 드높아라.

새들도 물결을 차네
수려한 가락이여.

천마다 정이 솟고
평야에선 웃음소리

살아가며 유람하며
세월 속에 쌓인 풍요

한민족 활기에 찬 노래
금강이여 살아있어라.

광복

초목도 서러운 날
혈로서 싸웠어라
하늘을 우러러
울부짖던 그 아픔이
목메어 부서지던 날
울고 또 울었어라.

슬기와 지혜로써
가꾸어 온 동방의 나라
만행으로 얼룩진
과거는 멀어지고
이제는 찬연한 빛 눈부신
아침을 싣고 오리라.

* 광복 70주년에

목련

바람이 잠든 저녁
어둠이 흐르는 길목

달빛보다
별빛보다
비단결 흐르는 물빛

고고한
자세를 보듬어
수없는 속삭음을 잉태한다.

새벽까치

홰치는 새벽 날개
상념의 언저리.

날아든 산까치가
일상을 물어 온다.

허공에
피는 날개짓
아침을 여는 바람.

가로수 길에서

머리 위 맴을 돌며
재잘대는 멧새 한 쌍

줄지어 피워 낸
이팝나무 꽃 사이로

활기찬 비상을 꿈꾸며
고개 들어 기웃댄다.

숨은 듯 나타나는
초여름 바람 한 자락

발걸음 재촉하며
오며 가며 들고 나는데

바람결 따라 잡으려
달리고 또 달려본다.

구봉산의 바람

새벽 여명을 싣고
건너오는 바람소리
선잠 깬 골짝 골짝
친구들 불러 모아
안개 속 이야기 남기며
오르고 또 내린다.

소리쳐 여울지면
일제히 화답하는
아홉 개의 봉우리가
자랑인 양 보배인 양
초록빛 중도 대전의
자긍심을 지켜낸다.

만남

길을 나서면 바라보이는 하늘가
도로가 언저리에서 피어나는 이야기들
걸음이 자유스럽다 바람이 자유롭다.

약속 없이 만나고 또 만나는 일상에서
삶의 맺힌 한숨 한 줌 두 줌 풀어 놓고
새로운 도약을 위한 에너지를 준비한다.

아는 이 모르는 이 건네 오는 눈인사
열려진 창공에서 미래를 창조하고
하늘을 날고 싶을 때 쌓여가는 빛의 언어.

유자차를 마시며

가끔은 혼자일 때가
좋은 적이 더러 있다.

창작의 기쁨이며
미결의 완성이며

유리잔 차 속에 비친
내 모습의 조명이며.

고향친구 웃음 머금고
말갛게 피어오르는

세월 속 긴 이야기
담고 또 담아내어

마시고 또 마시면서
그려보는 시간의 장.

모과차를 마시며

오랜만에 고요히
눈 내리는 오후 한 때
그리움 한 조각
살며시 입에 문다.
어디서 바람 한 자락
주위에 와 서성인다.

다듬고 보듬어져
정제된 정성들이
시간과 공간 사이에
향기로 퍼져간다.
어느덧 친구가 되어
대화의 장 열린다.

이팝나무 가로수 꽃길을 걸으며

2000년대 신도로
가로수 봄길은
눈 내린 듯 부시다,
향기가 가득하다.
새로운 이야기들이
아기자기 눈을 뜬다.

자전거 탄 아이 둘이
제 길로 달려가면
신이 난 빛과 바람
춤추듯 놀고 있고
머리 위 까치 한 마리
낭만의 깃을 편다.

산책 1

바람이 곁에 와
비 소식 전하려고

훅하니 옷자락을
흔들고 지나간다.

우산이
준비가 안 된 나도
함께 뛰어 달아난다.

산책 2

마을 사람 좋아하는
조그만 연못가에

선명한 모습으로
유혹의 싸인 보내는

장미의
눈부신 자태가
하늘가에 닿아있네.

산책 3

햇살 품은 논둑길에
바람이 잦아들면

천혜의 신비 품고
여울지는 코스모스

멀리서
소 울음소리
설레이며 가는 여정.

봄동

긴 겨울 눈바람결
아랑곳 하지 않고

찬 기운 곧은 살로
받아들인 푸른 정기

이른 봄
진한 풍미로
언 사연을 녹인다.

봄의 거리

밀려오고 밀려가며
깃 스치는 몸짓에서

이따금 우쭐하는
우연히도 신이 난 날

조금 더
머물고 싶은
정이 피는 봄길 한낮.

봄 언덕

바람이 오르는 길에 햇살을 부르고
빛의 행렬이 앞서거니 뒤서거니
향기의 아지랑이가 오르고 또 오르고

아이들이 오르고 학생들이 오르고
젊은이, 노인, 여자, 남자
움직임 긴- 행렬이 오르고 또 오르고

개나리부터 아카시아까지 개화의 신비는
장미의 자존심 내 안에 진한 감동을 풀어 놓고
계절 속 만남의 행렬이 돌아올 때까지

봄꽃 긴 터널의 불빛을 향하여
교차되는 이미지의 새로움을 향하여
오르고 또- 오르고 끊임없이 이어진다.

목련이 피었어요

가로등 저만큼에
곁가지도 모르게

오목 조목 바람 안고
여민 속이 열렸어요.

다문 잎
따라 열리며
감춘 속을 펴 보인다.

여름맞이

계절을 맞이할 줄 아는 이는
목련과 아카시아, 장미꽃의 향기를
인생에 퍼 담을 줄 아는 용기 있는 사람이다.

계절을 떠나보낼 줄 아는 이는
덩굴장미 가시의 함정에서 벗어나
바람을 다스릴 줄 아는 지혜로운 사람이다.

물오른 덩굴장미가 기승을 부릴 때면
새 봄은 끙끙끙 몸살을 앓아 떠나가고
담장 밖 저만큼에서 다가서는 새 계절의 바람.

따뜻한 겨울

새로 지은 찻집의 귀여운 불빛들이
이 쪽 보고 저 쪽에도 따뜻함을 예고하면
원형의 지붕 위에도 달리던 자동차도

안도의 자신감으로 제 모습을 나타낸다.
멀리 보이는 도시의 끝자락에선
시민의 웃음소리가 유리창에 묻어나고

누구나 기다려지는 겨울 이미지
빙하의 냉전보다는 빛의 포근함이
일상을 감싸고 도는 겨울 저녁 들녘에서.

새해 편지

기념일을 짚어가며
새 달력에 메모한다.
어설펐던 지난 일은
묵은해에 실려 보내며
다가올 새 날들에 대한
기대감을 실어본다.

해마다 일월이면
쓰고 또 외는 약속
무심했던 마음밭에
씨앗을 뿌려놓고
다짐을 거듭하면서
다져보는 이 정성.

벚꽃 필 무렵

김길순 시조시집

발 행 일 | 2018년 1월 10일
지 은 이 | 김길순
발 행 인 | 李憲錫
발 행 처 | 오늘의문학사
출판등록 | 제55호(1993년 6월 23일)
주 소 | 대전광역시 동구 대전로 867번길 52(한밭오피스텔 401호)
전화번호 | (042)624-2980
팩시밀리 | (042)628-2983
전자우편 | hs2980@hanmail.net
카 페 | cafe.daum.net/gljang(문학사랑 글짱들)
cafe.daum.net/art-i-ma(아트매거진)

공 급 처 | 한국출판협동조합
주문전화 | (070)7119-1752
팩시밀리 | (031)944-8234~6

ISBN 978-89-5669-882-3
값 9,000원

* 이 책은 교보문고에서 E-Book(전자책)으로 제작 · 판매합니다.
* 잘못 제작된 책은 바꾸어 드립니다.
* 이 책은 대전문화재단 과 대전광역시 에서 사업비 일부를 지원받았습니다.